Andreas Felder
am Horizont

Gedichte und Gedanken
über das Leben und den Tod

Taschenbuchausgabe

ANDREAS FELDER

AM HORIZONT

*Bibliografische Information
der Deutschen Nationalbibliothek:
Die Deutsche Nationalbibliothek verzeichnet diese
Publikation in der Deutschen Nationalbibliografie;
detaillierte bibliografische Daten sind im Internet
über http://dnb.dnb.de abrufbar.*

Fotos Seite 11,15,53,87,99,119: **Andreas Felder**
weitere Fotos: Pixabay, Canva

*Herstellung und Verlag:
BoD – Books on Demand, Norderstedt*

ISBN: 978-3-749434916

Inhaltsverzeichnis

Schön,
dass du am Horizont verweilst

Vorwort

am Horizont
Gedichte und Gedanken
über das Leben und den Tod

Nehmen Sie sich Zeit, fühlen Sie den Augenblick. Dieses Buch ist für alle, die dem Leben und dem Tod nahestehen. Es hilft Trauernden Trost zu spenden und Sterbenden, Mut zu geben. Kurze Gedichte und Gedanken, die einen beschäftigen und Worte, die anderen, aber auch sich selbst Trost und Hoffnung schenkt.

Es gibt Momente im Leben wo wir am Horizont stehen und nicht erkennen können was das Jetzt uns vorbereitet hat. Am Horizont stehen wir an der Schwelle zwischen der Vergangenheit und der Zukunft. Die Entscheidung liegt an uns. Gehen wir auf das Unbekannte oder bleiben wir hier im jetzt. Was erwartet uns hinter dem Horizont? Ist es oft der einzige Ausweg dorthin zu gehen und alles zurückzulassen? Oder zeigt uns das Leben auch Wege, die wir noch gar nicht erkennen wollen?

Wir alle stehen oft am Horizont. Fragen uns was kommen wird, sehen zurück und fragen

uns, ob alles richtig ist, was wir gemacht haben. Am Horizont – das Ungewisse – das Neue – beängstigend.
Nehmen wir uns Zeit, denken nach und genießen die Weitsicht, die uns hier am Horizont geboten wird. Vielleicht zeigt es uns neue Gedanken auf, neue Gefühle und Emotionen.
Am Horizont werden uns auch die Worte gegeben, die anderen Trost spenden und die sie glücklich machen.

Lass uns einen Moment hier am Horizont stehen und den Augenblick genießen.

Nimm die Gedichte und Gedanken für dich wahr und speichere sie tief in deinem inneren ein. So kannst du sie jederzeit hervorholen und dir und anderen Hoffnung, Mut und Trost geben.

Die Augenblicke des Lebens

GEDICHTE

Ein Lächeln
und der Augenblick ist schön

Was die Zukunft mit dir vor hat,
kann ich dir nicht sagen.
Aber im Hier und Jetzt
kann ich dir sagen,
dass ich für dich da bin.

Ich weiß, dass ich nicht wissen
kann wie es in dir aussieht –
aber ich weiß, ich bin für dich da.

Die Trauer
kann ich dir nicht nehmen.
Den Verlust
kann ich dir nicht zurückbringen.
Ich kann aber, mit dir
diese schwere Zeit durchstehen.

Allein sind wir nicht so stark
wie zusammen.

Die Gedanken
mit anderen zu teilen,
ist wie am Gipfel
eines Berges zu stehen.

Es ist zwar anstrengend,
aber am Ziel
ist man glücklich und frei.

Ich bin für dich da,
wenn du mich brauchst,
ich gehe,
wenn du es willst.
Ich helfe,
wenn du rufst
und schweige,
wenn Worte Stille brauchen.
Ich gebe dir halt
in jedem Augenblick.

Manchmal brauchen Worte Stille

Ich nehme deine Hand
und spüre das Leben –
ich sehe dich an
und fühle den Augenblick.
Ich höre dir zu
und erlebe das Gestern.

Suche nach der Liebe,
am Horizont,
ohne Wissen was kommt.
Im Gedanken bei dir.
verloren – einsam – kraftlos.

Ich bin soweit. Ich gehe.
Alles ist vorbereitet.
Alles ist geschrieben.
Ich bin bereit.

Und dann greife ich zum Himmel
und wünsche mir,
nur noch einmal deine Hände
zu spüren.

Ich schicke dir die Augenblicke,
die dich glücklich machen.

Überlege dir, ob dein Tod nicht auch andere in den Tod führt.

Jede Sekunde ohne dich
ist ein Schmerz -
ein Schmerz, der mich zerreißt
und dennoch muss ich stark sein,
auch wenn dich, die Stärke verlas-
sen hat.

Ich hasse dich für deine Tat – ich liebe dich für die Augenblicke, die wir glücklich waren.

Ich schaue zum Himmel und
ich weiß dort oben ist die Sonne -

Ich schaue in mein Herz und
ich weiß dort bist du für immer.

Der Tod ist endgültig –
es gibt kein zurück.
Auch wenn es die Lösung aller
Probleme für dich ist.

Und am Ende
bleiben wir zurück.

Du bist mir wichtig.

Hoffnung,
ist der Strohhalm
meines Lebens

Reich mir deine Hand und
ich werde sie führen -
lasse los und
ich werde dich auffangen.

Ich denke an dich,
jede Sekunde.
Ich fühle von dir,
jede Stunde.
Ich weine um dich,
jeden Tag.
Ich liebe dich,
jeden Augenblick
in meinem Leben.

Die Selbsttötung braucht Mut -
das (weiter-) Leben jedoch,
braucht vielmehr als das.

Am Ende steht der Anfang -
der Anfang vom Ende.

Das Leben ist für Mutige -
für Menschen,
die trotz Missverständnis, Hoff-
nungslosigkeit, Trauer -
das Leben annehmen.

Nütze die Zeit mit dem Menschen,
die dir wichtig sind -
jeder Augenblick geht vorüber und
dann schließt du deine Augen
und es ist zu spät.

Das Morgen, ist das Heute und
das Heute, wird das Gestern.
Die Zeit kennt kein Erbarmen –
darum nutze die Zeit.

Am Ende seiner Tage,
wird man klug -
oder man geht als dummer.

Die Trauer kennt Trost
der Trost kennt Zuversicht
die Zuversicht kennt Leben
das Leben kennt Hoffnung
die Hoffnung kennt Vertrauen
das Vertrauen kennt Umarmung
die Umarmung nimmt dich nun
und schenkt dir, die Kraft zum
Leben, in all der Trauer.

Weine die Tränen die du brauchst,
aber dann sei glücklich.

Und irgendwann
sehen wir uns wieder -
nimmst meine Hand hernieder
und führst sie mit in deine Welt.
Du schaust mich an und sagst
ganz leise in mein Ohr
„einst verlor ich dich auf Erden,
nun sind wir vereint für alle Zeit
und glücklich ohne jegliches Leid"

Ich liebe dich für alle Zeiten,
du gabst mir so viele Augenblicke
in meinem Leben, die mich glücklich machten. Mit Tränen lasse ich
dich nun weiterziehen und freu
mich auf ein widersehen -
irgendwo, irgendwann -
im Herzen – für immer.

GEDANKEN

Ich schenke dir,
deiner Mutter und deiner Familie,
ganz viel Kraft und
glückliche Augenblicke zusammen.
Jeder Moment,
jeder Augenblick, lässt uns hoffen.
Jeder Gedanke gibt uns Mut.
Jedes Lächeln gibt uns Kraft.
Wir wissen nicht was morgen ist,
egal,
wir wissen nicht was kommen wird,
egal.
Wir wissen aber,
dass der Augenblick **jetzt** wunderschön
ist -
wir spüren, lachen, weinen, hoffen –
wir leben das Jetzt - wir leben das Leben.

In Gedanken mit euch verbunden.

Wir suchen noch -
nach den richtigen Worten,
um das Unfassbare in Worte zu fassen.
Die Welt dreht sich weiter.
Wir wollen ihr das eigentlich verbieten.
Das darf sie nicht!

Gerade noch hast du meinen Namen ge-
sagt und jetzt -
Stille - leere - Trauer - Wut.
Wir hatten doch noch so viel vor
und jetzt
siehst du von den Sternen auf uns.
Doch ich glaube - nein ich weiß –
der Stern leuchtet auf euch -
er leuchtet auf dich –
so hell - so strahlend - so energievoll -
ja so wie deine Mutter war.
Und jeden Abend schauen wir dort
nach oben und sind glücklich, dass du
über uns wachst.

Jeder Augenblick - ein danke –
jeder Moment,
er war wunderschön.

Schlaf gut Mama.

Ich bin in Gedanken bei dir und euch.

Es ist nun Zeit –
Zeit, um all dies zu sagen,
was offengeblieben ist.
Viel zu lange habe ich meine Sicht gesehen und gewusst, dass dies richtig ist.
Ich war überzeugt,
von den Gedanken und
habe diese ohne Rücksicht umgesetzt.
Mein Wort war mächtig
und was ich sagte stand fest verankert.
Jeder weitere Gedanke von dir,
brauchte es nicht.
In jeder Situation wusste ich genau was zu machen ist und ich sah es als meine Aufgabe die Lösung mit biegen und brechen zu verwirklichen.
Ich wusste alles und ich wusste mehr.
Ja, ich war ein Leben lang der Große.
Ein gutes Gefühl für mich.
Und ich weiß nicht warum,
aber nun kommt mir ein Gedanke
in den Kopf – ein Gedanke,
der so völlig neu für mich ist.
Der Gedanke, der immer nur eine Richtung kannte – geradeaus – immer vorausschauend. Dieser Gedanke,
er schaute plötzlich nach links und nach rechts. Schaute nach hinten, oben und unten – ich erschrak.

Was ist nur passiert...
Ich sah all die Menschen,
die zwar bei mir waren,
aber in welchem Zustand.
Zum ersten Mal sah ich Trauer,
Verletzungen, Wut, Enttäuschung –
ich sah Menschen, die ich lange nicht
mehr gesehen habe –
sie wurden einfach vergessen.
Vergessen von mir.
Was habe ich angerichtet –
was habe ich erschaffen.
Wie stur war ich,
wie blind und voller Eigeninteresse.
Wie konnte ich den Blick verlieren –
den Blick auf andere Blickwinkel.
Das Leben ging an mir vorüber –
spurlos – blicklos – ich geradeaus.

Jetzt weiß ich, meine Zeit des Lebens ist
in der Weihnachtszeit angekommen und
bald schon wird Silvester sein –

10, 9, 8, 7, 6, 5, 4 –
wir erheben die Gläser –
3, 2, 1...
ich schließe meine Augen und
wenn ich aufwache,
wird nichts mehr sein wie vorher.

Was die Anderen nun machen – ist mir nicht egal, aber schon ziemlich. Ich war ihnen ja auch egal. Wer hat sich denn schon um mich ein Leben lang gekümmert. Jetzt sollen sie es nur spüren wie es ist – ich zu sein. Verzweiflung, Gefühl missverstanden zu werden, keinen Erfolgsblick zu sehen. Ja sie sollen es spüren – ich werde es ihnen perfekt zeigen. Ich habe mich gut vorbereitet. Wer wird mich wohl zuerst finden und sehen? Meine Frau oder Bekannte, meine Kinder oder andere Kinder? Sie werden sich Erschrecken, wenn sie mich sehen – ja das ist gut.

Und wie wird es weiter gehen? Ich mache mir keine Sorgen darüber, was danach kommt. Ich bin dann nicht mehr da.

Es sind die Gedanken, die bleiben, und es sind die Erinnerungen, die einem das Leben unschätzbar wertvoll machten. Momente der Freude - des Glückes aber auch Momente der Auseinandersetzung. Jeder Gedanke ist es für dich den du mit deinem Vater verbringen durftest. Ich weiß von mir, nichts lässt uns so sehr auf ein Wiedersehen hoffen wie der Augenblick des Abschieds und jetzt ist für dich und euch der Moment gekommen, vor dem man sich nie getraut hat, daran zu denken, darum ist Abschied so ein schweres Wort. Es birgt Endgültigkeit in sich. Sag nur "bis bald", denn im Leben ist nichts endgültig. Wir sind in Gedanken bei dir und wir sind stolz auf dich!

Deine Worte sind,
die dich lebendig machen.
Dein Atem ist,
der dich hier sein lässt.
Deine Gesten sind,
die dich erzählen lassen.
Und doch kommt die Zeit – die Angst –
und doch kommt der Augenblick,
den ich nicht erleben will.

Wie wird es sein – wie kann es sein.

Es ist so schön dich zu hören,
wie du erzählst,
wie du lachst und
wie du, DU bist.

Und dennoch weiß ich,
es kommt die Zeit –
die Zeit der Stille.
Und ich werde die Augen schließen
und du wirst da sein.

Deine Gesten – dein Lächeln –
deine Stimme – einfach Du.

Wie ein Kreis, stehen wir um dich herum
und wir wissen – es ist vorbei.

Nur noch wenige Sekunden,
dürfen wir deine Nähe spüren
und nur ein Augenblick
trennt dich von dem,
was uns noch verborgen bleibt.

Im Herzen sind wir verbunden -
für immer.

Wir sahen das Leben, wir sahen das
Leid.
Wir sahen das Leben, wir sahen das
Glück.
Wir sahen das Leben, wir sahen die
Freude.
Wir sahen das Leben, wir sahen den
Schmerz.

Wir sahen die Kinder, wir sahen den
Stolz.
Wir sahen die Familie, wir sahen das
Lachen.
Wir sahen die Freunde, wir sahen das
Erlebnis.
Wir sahen die Menschen, wir sahen die
Trauer.
Wir sahen uns Beide, wir sahen die
Liebe.

Wir sahen das Leben – jetzt ist es vorbei.

Schlaf gut mein Schatz.

Gedanken sind es, die für immer bleiben. Gedanken an einem Menschen, der so viel in meinem Leben war.

Als Kind und Jugendlicher sah ich oft nicht die Dinge, die einem dieser Mensch zeigen und lehren wollte. Oft kam es zu Konflikten, weil ich die Anschauungen nicht verstehen wollte - es waren Anschauungen, die nicht in mein Bild passten - es waren Anschauungen, die ich als Kind und Jugendlicher noch nicht begreifen konnte wie viel Wert diese Lehren für mich sind.

So vergingen die Jahre und langsam kam der Gedanke, was sei, wenn dieser Mensch einmal nicht mehr da ist. Solche Gedanken verwirft man aber gleich wieder, weil sie einfach nicht real sind.

Und wieder vergingen viele Jahre und so allmählich begriff ich, welche Werte dieser Mensch für mich hat. Ich begriff, was er mir eigentlich sagen wollte, wenn er seine Anschauungen mir erzählte und wenn er mit mir schimpfte, wenn ich etwas in seinen Augen falsch gemacht habe.

Früher war ich dann gleich auf 180 und fühlte mich persönlich angegriffen.

"Wie kann er nur meine Anschauungen untergraben, und er versteht ja sowieso nicht was ich meine, und heute ist alles anders als zu seinen Zeiten. Er denkt viel zu schlecht..." und noch viel mehr dachte ich mir.

Erst in den letzten Jahren habe ich Schritt für Schritt gelernt, was hinter seinen Aussagen stand. Es hat sehr lange Zeit gedauert, bis mir dies bewusst wurde.

Wenn man aber Menschen nicht mehr regelmäßig sieht, und diese Menschen so weit weg sind, kommen einem in ruhigen Momenten Gedanken über das Hier und Jetzt - über sich - die Familie - das Leben zu Hause - die Entfernung, und das man nicht weiß, wie oft man einen geliebten Menschen noch sehen darf.

Wie oft man noch die Stimme hören kann und ihn umarmen darf.

Menschen, die einen lieben, wollen einem alles sagen - ihr Wissen weitergeben -

ihre Erfahrungen, die sie in ihrem Leben gemacht haben, übermitteln, und uns vor dem bewahren, was uns schaden kann. Sie wollen uns helfen, nicht die gleichen Fehler zu machen, die sie eventuell mal gemacht haben. Manchmal klingen diese Ratschläge für einen als Angriff als Besserwisser und man kontert mit Aussagen, die dann diesen Menschen verletzen.

Ich bin mir sicher, wenn ich einmal alt bin, werde auch ich, meinen Kindern mein Wissen weitergeben wollen - ich werde sie vor dem bewahren wollen, das zur Gefahr werden kann. Ich möchte sie beschützen vor dem Schlechten.

Ja, jeder muss seine eigene Erfahrung machen - wenn dir aber jemand hilft, dass diese Erfahrung nicht deine Person verletzt, dann ist es doch das, was jeder ganz instinktiv macht. Jeder will seine Kinder beschützen, vor dem was sie eventuell noch nicht wissen. Jeder Vater und jede Mutter verhindert, dass sein Kind stürzt. So wie wir unsere Kinder beschützen, dass sie nicht den heißen Herd anfassen, mit Messern spielen, nicht bei Rot über die Kreuzung gehen sollen. Wir lassen unsere Kinder auch nicht einfach die Erfahrung machen, sondern wir beschützen sie und lehren sie vor diesen Gefahren.

Dieser Mensch war sehr gläubig und die für mich schönste Weisheit, welche ich von ihm hören durfte, war, dass das wertvollste, das uns Gott im Leben gegeben hat, der "Freie Wille" ist. Jeder von uns kann selbst entscheiden was er im Leben macht. Ob er auf der guten Seite ist oder das Böse sucht. Gott wird uns nicht hindern in unserem Willen. Wir sind selbst dafür verantwortlich, und diese Verantwortung müssen wir dann am Ende unseres Lebens – wenn wir für immer die Augen schließen - für uns vertreten. Und wir müssen dann auf unser Leben zurückschauen und können dann das sehen, wofür wir uns entschieden haben.

Wir sehen dann all das, was wir gemacht haben. Alles, was unser freier Wille entschieden hat. Wir sehen alles aus einer neutralen Perspektive.

Es war ein kleiner Satz, der aber so viel aussagt, und wenn ein Mensch diese

Gedanken in sich hat, ist das eine große Weisheit, die er im Leben gesammelt und für sich begriffen hat.

Ich bin dankbar, dass ich in den letzten Jahren diese Erkenntnis für mich erlangen konnte. So sah ich diesen Menschen mit anderen Augen. Und diese Ansicht wurde für mich wunderschön.

Ich bin stolz darauf,
was ich an Wissen mitnehmen durfte -
für mich ein unschätzbarer Wert.

Danke,
für die wunderschönen Augenblicke,
die du meinem Leben geschenkt hast.

Du sagtest noch was zu mir,
und jetzt –
bist du weg – aus meinen Händen
gerissen   –   aus   meinem   Leben
genommen.
Und   nun   –   ich   bin   verzweifelt   –
ich bin erstarrt – ich bin sprachlos.

LEBEN – was machst du nur mit uns
LEBEN – was nimmst du uns jetzt nur
LEBEN – ich will nicht leben

Ich   will   bei   dir   sein   –   ganz   nah   –
will dich spüren, wie vor Sekunden noch
– ich will bei dir sein.

Und doch kann ich es nicht mehr sein –
und doch - ich kann es nicht mehr sein –
Leben – mein Leben.

Danke, dass du dir Zeit genommen hast.

AM HORIZONT

Dieses Buch ist in fünf verschiedenen Versionen erhältlich:

* **am Horizont Gedichte und Gedanken**
Taschenbuchausgabe (*dieses Buch)*
124 Seiten, Taschenbuch, 43 Gedichte und Gedanken.
Text basierend – wenige Fotos

* **am Horizont Gedichte - Paperback Edition**
48 Seiten, Paperback, viele Farbfotos, dickeres Papier,
19 Gedichte aus der Taschenbuchausgabe.

* **am Horizont - Gebundene Premium Ausgabe und**
Premium Taschenbuchausgabe + E-Book
64 Gedichte und Gedanken über das Leben und den Tod
164 Seiten, gebundenes Hardcover Buch
mit Schutzumschlag, dickeres Papier oder als Taschenbuch
viele Farb- und s/w Fotos, über 30% mehr Inhalt –
ideales Geschenk für Sie und ihre Freunde/Bekannte.

* **E-Book**
Gedichte und Gedanken über das Leben und den Tod
124 Seiten, Softcover, 43 Gedichte und Gedanken.

Weitere Informationen finden Sie auf:
www.amHorizont.com